Das Geschenk der Hoffnung

Ausgewählt und zusammengestellt
von Claudia Peters

Inhaltsverzeichnis

„Wer hofft, ist jung", stellt Rose Ausländer in einem Gedicht fest. Denn wer hofft, ist auf die Zukunft ausgerichtet, lebt in einer gespannten Erwartung auf das, was kommt. Kinder und junge Menschen stecken meist noch voller Hoffnungen und Erwartungen ans Leben, schmieden Pläne und haben oft einen unbesiegbaren Optimismus und Gestaltungswillen. Sie können uns älteren Menschen Vorbild sein. Hoffende Menschen bleiben, auch wenn sie alt werden, jung. Denn Hoffnung ist ein Lebenselixier.

Die Möglichkeit zu hoffen, ist im Menschen angelegt. Der berühmte Psychotherapeut Carl Rogers nennt diese Neigung, auf das Gute zu setzen, auch wenn es gerade schlecht aussieht, also sich zu (ver-)bessern, zu heilen, wieder gesund zu werden und eine Lösung zu sehen, einen Universaldrang des Menschen. Rogers psychotherapeutischer Ansatz geht davon aus, dass alles Lebendige nach Entfaltung strebt und sich erhalten möchte. Er erkannte, dass Leben immer aus Wachstum und Entwicklung besteht. Diese in uns angelegte Kraft wieder aufzustehen, wenn wir gefallen sind, ermöglicht uns, trotz aller Hindernisse, Schwierigkeiten und Krisen immer wieder das Leben zuversichtlich anzugehen – und damit der Resignation zu entkommen. Die Hoffnung schaut nicht zurück auf das, was war, sondern ist völlig auf die Zukunft ausgerichtet. Sie hält alles für möglich. Ernst Bloch beschreibt in seinem Buch „Das Prinzip Hoffnung", dass die Hoffnung die Angst „ersäuft". Ihre Kraft ist stärker im Wettstreit zwischen Zuversicht und Resignation. Nichts anderes meint die bekannte Redewendung „Die Hoffnung stirbt zuletzt". Die Hoffnung ist also eine Lebenskraft. Für eine hoffnungsvolle Lebenseinstellung können wir unseren eigenen Beitrag leisten. Es gilt, uns stets neu für eine hoffnungsvolle Zukunft zu entscheiden und die innere Einstellung zu kultivieren, beharrlich immer wieder auf das Bessere zu setzen.

Dieses Buch möchte Sie, liebe Leserin und lieber Leser, sensibilisieren, die Hoffnungszeichen in Ihrem Leben wahrzunehmen, wertzuschätzen und zu pflegen. Denn wie könnten wir leben und immer wieder von vorne anfangen ohne Hoffnung?

Ich wünsche Ihnen nie versiegende Hoffnung, unermüdliche Zuversicht und das nötige Vertrauen, denn, wie Václav Havel sagte, „das Leben ist viel zu kostbar, als dass wir es entwerten dürften, indem wir es leer und hohl, ohne Sinn, ohne Liebe und letztlich ohne Hoffnung verstreichen lassen."

Herzlichst, Ihre
Claudia Peters

WAS HÄLT DICH DAVON AB

Was hält dich davon ab,
dich jetzt, gerade jetzt,
da du dies liest,
für die Hoffnung zu entscheiden –
endgültig und abgrundtief,
und ohne dir die Möglichkeit
des Widerrufs einzuräumen?

Der Sinn des Lebens
ist ein verborgener Schatz,
für den es alles einzusetzen gilt,
wenn wir ihn heben wollen.
Er wartet und drängt sich uns nicht auf.

Die Hoffnung ist wie eine Schaufel,
mit der wir nach dem Sinn graben können.

Ulrich Schaffer

Es gibt überall Blumen für den,
der sie sehen will.
Henri Matisse

Hoffnung ist
eine Lebenskraft

Das Wort Hoffnung stammt vom mittelhochdeutschen Wort „hopen" ab und meint ganz wörtlich ein „Hüpfen vor Erwartung", einer positiven Erwartung, die jemand in jemanden oder in etwas setzt. Sie wird beschrieben als eine zuversichtliche innerliche Ausrichtung, gepaart mit einer positiven Erwartungshaltung, dass etwas Wünschenswertes eintreten wird, ohne dass wirkliche Gewissheit darüber besteht. Das Hoffen wird gleichgesetzt mit Vertrauen in die Zukunft, Zuversicht und Optimismus in Bezug auf das, was jemand oder die Zukunft allgemein bringen wird.

Die positive Wirkung der Hoffnung ist, sich nicht wie gelähmt oder bleiern schwer seinem Schicksal ausgeliefert zu fühlen, sondern immer einen (Aus-)Weg zu sehen und somit springen und hüpfen zu können vor Freude und Kraft.

BEVOR ICH STERBE

Noch einmal sprechen
von der Wärme des Lebens
damit doch einige wissen:
Es ist nicht warm
aber es könnte warm sein

Bevor ich sterbe
noch einmal sprechen
von Liebe
damit doch einige sagen:
Das gab es
das muß es geben

Noch einmal sprechen
vom Glück der Hoffnung auf Glück
damit doch einige fragen:
Was war das
wann kommt es wieder?

Erich Fried

Kontrolle ist gut, Vertrauen ist besser.

Erfahrungen spielen uns manchmal einen Streich. Unser Gehirn speichert nämlich die schlechten in der Regel besser ab als die guten. Das tut es, um uns rechtzeitig vor neuen schlechten Erfahrungen zu beschützen. Eigentlich ist das also nett gemeint, geht aber dennoch oft nach hinten los, weil wir dann mehr schlechte Erwartungen an die Zukunft haben als gute. Besonders perfekt funktioniert dieser fehlerhafte Kreis übrigens, wenn man etwas depressiv veranlagt ist.

Was also tun? Der Satz „glaube nicht alles, was du denkst", hilft gegen dieses Dilemma nur bedingt. Was vielleicht etwas besser hilft, ist ein kurzer Blick in die Etymologie der deutschen Sprache, also das Herkunftswörterbuch des Dudens. Dort kann man nämlich nachlesen, dass das Wort ‚hoffen' vom mittelniederdeutschen ‚hopen' abgeleitet und mit der Wortgruppe ‚hüpfen' verwandt ist, folglich anfangs wohl so etwas bedeutete wie ‚vor Erwartung zappeln, aufgeregt umherhüpfen'. Genaugenommen müsste die Hoffnung also nicht Hoffnung, sondern Hüpfung heißen. Das finde ich schön. Hüpfung klingt doch gleich viel konkreter.

Und da unser Gehirn ja nicht nur Denkapparat, sondern auch Teil unseres Körpers ist, könnten wir ihm doch mit etwas Bewegung helfen, die dunklen Gedankenkreise durcheinanderzubringen und etwas Licht dazwischen zu streuen. Wer hüpft, dem fällt die Hoffnung leichter. Einen Versuch ist es jedenfalls wert.

Doris Bewernitz

HOFFNUNG

Es reden und träumen die Menschen viel
Von bessern künftigen Tagen,
Nach einem glücklichen, goldenen Ziel
Sieht man sie rennen und jagen.
Die Welt wird alt und wird wieder jung,
Doch der Mensch hofft immer Verbesserung.

Die Hoffnung führt ihn ins Leben ein,
Sie umflattert den fröhlichen Knaben,
Den Jüngling locket ihr Zauberschein,
Sie wird mit dem Greis nicht begraben,
Denn beschließt er im Grabe den müden Lauf,
Noch am Grabe pflanzt er – die Hoffnung auf.

Es ist kein leerer, schmeichelnder Wahn,
Erzeugt im Gehirne des Toren,
Im Herzen kündet es laut sich an:
Zu was Besserm sind wir geboren.
Und was die innere Stimme spricht,
Das täuscht die hoffende Seele nicht.

Friedrich von Schiller

DIE MAUERN MEINER ZEIT

Erinn'rungen verblassen
Und des Tages Ruhm vergeht
Die Spuren, die wir heute zieh'n
Sind morgen schon verweht
Doch in uns ist die Sehnsucht
Dass etwas von uns bleibt
Ein Fußabdruck am Ufer
Eh' der Strom uns weitertreibt

Nur ein Graffiti, das sich von der grauen Wand abhebt
So wie ein Schrei, der sagen will
Schaut her, ich hab gelebt!
So nehm ich, was an Mut mir bleibt
Und in der Dunkelheit
Sprühe ich das Wort „Hoffnung"
auf die Mauern meiner Zeit

Die Herzen sind verschlossen
Die Blicke leer und kalt
Brüderlichkeit kapituliert
Vor Zwietracht und Gewalt
Und da ist so viel Not und Sorge
Gleich vor uns'rer Tür
Und wenn wir ein Kind lächeln seh'n
So weinen zehn dafür

Der Himmel hat sich abgewandt
Die Zuversicht versiegt
Manchmal ist's, als ob alle Last
Auf meinen Schultern liegt
Doch tief aus meiner Ohnmacht
Und aus meiner Traurigkeit
Sprühe ich das Wort „Hoffnung"
Auf die Mauern meiner Zeit

Um uns regiert der Wahnsinn
Und um uns steigt die Flut
Die Welt geht aus den Fugen
Und ich rede noch von Mut
Wir irren in der Finsternis
Und doch ist da ein Licht
Ein Widerschein von Menschlichkeit
Ich überseh' ihn nicht

Und wenn auf meinem Stein sich frech
Das Unkraut wiegt im Wind
Die Worte „Ewig unvergessen" überwuchert sind
Bleibt zwischen den Parolen
Von Hass und Bitterkeit
Vielleicht auch das Wort „Hoffnung"
Auf den Mauern jener Zeit
Bleibt zwischen den Parolen
Von Hass und Bitterkeit
Vielleicht auch das Wort „Hoffnung"
Auf den Mauern jener Zeit

Reinhard Mey

Ihr aber seht und sagt: Warum?
Aber ich träume und sage: Warum nicht?

George Bernard Shaw

Hoffnung, eine der Urkräfte, die uns gegeben sind, um das Leben zu bestehen. Über die Hoffnung ist viel nachgedacht und geschrieben worden. Große philosophische Entwürfe stellen darauf ab. Denken Sie nur an „Das Prinzip Hoffnung", eines der Hauptwerke Ernst Blochs. Aber ich glaube, dass Hoffnung mehr ist als ein Prinzip, mehr als eine Regel, nach der man sich richtet. Die Hoffnung ist etwas Elementares und gehört zu unserem Leben wie die Luft zum Atmen, vielleicht ist sie so etwas wie das Atmen unserer Seelen. Es gibt wenig Phänomene, die so fundamental, vielfältig und schwer zu beschreiben sind. Wir hoffen auf so vieles: gutes, mindestens aber annehmbares Wetter, ein Jahr, das bringt, was wir uns davon erwarten; dass uns gelingt, was wir uns vorgenommen haben. Wir hoffen darauf, gesund zu bleiben, dass unsere Beziehungen glücken, es unseren Familien, Kindern, alten Eltern, Lebenspartnerinnen und -partnern, Freundinnen und Freunden gut geht und keiner von uns allein durchs Leben gehen muss. Wir hoffen darauf, Enttäuschungen zu überwinden, Krisen zu meistern und dass wir angesichts schwieriger und schwerer Erfahrungen am Ende die Hoffnung nicht verlieren.

Die Hoffnung ist überall und universal, allgegenwärtig, fast möchte ich sagen alltäglich. Aber eines ist sie ganz gewiss nicht: selbstverständlich. Denn wie wichtig sie für unser Leben ist, merken wir spätestens dann, wenn wir sie verlieren, weil die Lage aussichtslos erscheint, ein schweres Schicksal unabwendbar, die Anforderungen zu hoch. Wenn die Quelle der Hoffnung versiegt, verlieren wir auch unsere Lebenskraft. Erschöpfung, geistige und körperliche Ermattung, Angst, Apathie, Niedergeschlagenheit und Mutlosigkeit treten an ihre Stelle. Ohne Hoffnung ist unser Leben auf die Dauer unmöglich, jedenfalls nicht ohne daran seelisch oder körperlich Schaden zu nehmen. Aber wenn wir Hoffnung haben und unabhängig davon, worauf wir sie gründen (und ob wir sie eher philosophisch, psychologisch oder theologisch verstehen), wenn wir Hoffnung haben, ist sie ein Halt, der unsere Haltung und unser Verhalten positiv bestimmt.

Wer Hoffnung hat und wen die Hoffnung hält, ist stärker als die Umstände, seine Veranlagung und sein Umfeld, wie immer sie auch beschaffen sein mögen. Er/sie versteht sich darauf, voller Vertrauen und Mut die Möglichkeiten wahrzunehmen, die sich bieten und das eigene Leben selbstwirksam zu gestalten. Es sind nämlich weder die Umstände noch unsere Veranlagung und unser Umfeld allein, die darüber entscheiden, ob unser Leben glückt oder verunglückt, wir glücklich oder unglücklich werden, sondern immer auch die Art und Weise, wie wir damit umgehen. Hoffnungsvolle und lebensbejahende Menschen sind – so zeigen es viele empirische Studien – fröhlicher, gesünder und erfolgreicher. Das lesenswerte und inspirierende Werk *Positive Psychologie der Hoffnung* von Andreas Krafft und Andreas Walker bringt es auf die wunderbare Formel, dass wir (mindestens in den allermeisten Fällen) die Autoren unserer eigenen Lebensgeschichte seien. Aber es macht einen beträchtlichen Unterschied, ob ich in einer Haltung der Hoffnung und Zuversicht, etwas bewirken zu können, an diesem Lebensbuch schreibe oder der Hoffnungslosigkeit und Resignation darüber, nichts ausrichten zu können. Durch unsere Einstellung und Haltung zum Leben, uns selbst, unseren Mitmenschen und den Aufgaben, die uns gestellt sind, gestalten wir unsere persönliche Zukunft, aber eben auch die unserer Gesellschaft mit. Das Leben ist weit weniger ein Schicksal, in das wir uns fügen müssten, als eine Aufgabe, die vertrauensvoll zu gestalten uns aufgegeben ist.

Alles kommt dabei auf das richtige Mindset an, damit wir die Hoffnung als den Halt erfahren, der unsere Haltung und unser Verhalten positiv prägt – und das fällt, auch wenn wir unsere Hoffnung religiös begründen, nicht einfach vom Himmel. Hoffnung als Haltung und Verhalten ist vielmehr ein ordentliches Stück Arbeit. Wieder und wieder den Versuch zu unternehmen trotz und womöglich gerade wegen widriger Umstände auf die Aspekte unseres Lebens fokussiert zu bleiben, die die Hoffnung nähren (Beziehungen pflegen; aufbauende Erinnerungen beleben; inspirierende Musik, Filme, Bücher und Werke der bildenden Kunst hören, lesen, sehen; eine eigene Spiritualität und kognitive Strategien entwickeln; achtsam leben; eine heiter-aufgeräumte Lebenshaltung einnehmen) ist zugegebenermaßen eine Anstrengung, die die damit verbundenen Mühen jedoch tausendfach lohnt und sich vor allem dann bewährt, wenn das Leben hart zu uns ist. Es ist wohl kein Zufall oder psychologischer Trick, dass ausgerechnet in Zeiten der äußersten Not immer auch Hoffnung aufkeimt und aus einer hoffnungsvollen Erwartung der Zukunft Kraft für die Gegenwart erwächst.

Charles Dickens hat in seinem Roman Nicholas Nickleby geschrieben:

„Hoffen Sie bis zuletzt! …
Hoffen Sie unermüdlich.
Entmutigung führt zu nichts. Hören Sie, …?
Sie führt zu nichts.
Lassen Sie kein Mittel unversucht.
Es ist immerhin ein Trost, wenn Sie sich sagen können,
dass Sie alles getan haben, was in Ihrer Macht stand.
Aber geben Sie nie die Hoffnung auf,
sonst nutzt Ihnen all Ihr Tun nichts.
Hoffnung, Hoffnung, Hoffnung bis zuletzt!"

Ulrich Peters

ZUVERSICHT

Was für ein
großartiges Gefühl
an etwas zu glauben,
selbst wenn es
noch keinen Beweis
dafür gibt.

Was für eine Kraft
die Hoffnung
in dir nährt und
dich
deinem Ziel
entgegenträgt.

Lilly Ronchetti

MORGEN

Sooft die Sonne aufersteht,
Erneuert sich mein Hoffen
Und bleibet, bis sie untergeht,
Wie eine Blume offen;
Dann schlummert es ermattet
Im dunklen Schatten ein,
Doch eilig wacht es wieder auf
Mit ihrem ersten Schein.

Das ist die Kraft, die nimmer stirbt
Und immer wieder streitet,
Das gute Blut, das nie verdirbt,
Geheimnisvoll verbreitet!
Solang noch Morgenwinde
Voran der Sonne wehn,
Wird nie der Freiheit Fechterschar
In Nacht und Schlaf vergehn!

Gottfried Keller

Die wesentlichen Dinge, um in diesem Leben
Glück zu erlangen, sind:
Etwas zu vollbringen, etwas zu lieben
und auf etwas zu hoffen.

Joseph Addison

DIE HOFFNUNG GIBT NICHT AUF

Die Hoffnung geht zu Fuß
guckt den Wolken nach
fällt und erhebt sich wieder
bleibt neugierig
kann entbehren
kann wütend werden
sie fällt immer wieder
und steht immer wieder auf
die Hoffnung gibt nicht auf

Ursula Kreutz

MEINE HOFFNUNG STIRBT ZULETZT

Sie stirbt nicht
so lang die Erde
sich um die Sonne dreht
solang es Blumen gibt
und Bienen
und Kinderlachen
und Rosenduft
und grüne Wälder
so lang nach jedem Winter
ein Frühling folgt
Sonnenschein auf Regen

Sie stirbt nicht
solang ich atmen kann
mein Herz schlägt
solang es Wunder gibt
Menschen und ihre Liebe
sie lebt in mir
so lang …

Gabriela Paydl

Hoffnung ist wie Zucker im Tee,
auch wenn sie klein ist, sie versüßt doch alles.

Chinesisches Sprichwort

WORAUF WIR HOFFEN

Süße Milch. Den hellbraunen Teddy aus dem Schaufenster. Mandelpudding. Ein Lachen in den Augen der Mutter. Die neue Hose. Gute Zensuren. Weihnachten. Gesehen werden. Ein Lob. Eine Umarmung. Trost. Ein Kuss. Die Ankunft des Zuges. Die Lehrstelle. Die bestandene Prüfung. Gutes Gehalt. Die große Liebe. Treue. Das Gelingen eines Gedichtes. Zärtlichkeit. Vertrauen. Ein Kind. Die Wohnung. Endlich einmal ausschlafen. Eine Entschuldigung. Einen Gruß. Das Ende des Streits. Verstanden werden. Den Frühling. Das nächste Weihnachtsgeld. Eine warme Heizung. Die Beförderung. Eine friedliche Nacht. Den Sommer. Ruhe. Weniger Stress. Das Stehenbleiben der Uhr. Rosenduft. Ankommen. Übersicht. Gesundheit. Verständnis. Stille. Ausruhen dürfen. Alleinsein. Einen Besuch. Das Ende der Schmerzen. Freundlichkeit. Schneeglöckchen. Gute Erinnerungen. Eine Tasse Kaffee. Noch einmal allein rausgehen können. Ein Gespräch. Frieden. Einen guten Tod.

Doris Bewernitz

Der Arzt machte ein bedenkliches Gesicht. Seit zehn Tagen liegt sein Patient, Herr Neuhaus, in unverändert kritischem Zustand im Bett. Die Verbrennungen breiten sich über so große Teile seines Körpers aus, dass das Überleben fraglich ist.

Herr Neuhaus spürt genau, wie es um ihn steht. Verzweiflung und Hoffnung wechseln. Selbstaufgabe und Kampf steigen gegeneinander. Jeden Tag macht er wieder neu gegen sich selbst aus, dass er sein Leben zurückgeben will. Und jeden Tag kämpft er wieder neu um sein Leben. Laut schreit er seine Gebete zum offenen Fenster: „Gott, wenn es dich gibt, so zeige deine Macht jetzt, da ich dich brauche!"

Vier Tage später schüttelt der untersuchende Arzt den Kopf. Er misst den Blutdruck ein zweites Mal. Schließlich fragt er: „Was ist geschehen, Herr Neuhaus? Von einem Tag auf den anderen sind alle Werte viel besser. Ihr Überleben scheint gesichert. Was ist mit Ihnen geschehen?" Herr Neuhaus lächelt. Langsam nickt er mit dem Kopf und sagt: „Ja, es ist etwas geschehen – gestern, gestern Nachmittag. Mein sechsjähriger Enkel hat mich besucht. Er hat zu mir gesagt: „Großvater, jetzt musst du wirklich bald nach Hause kommen, mein Fahrrad ist kaputt!"

Martin Lienhard

Hoffnung und Freude sind die besten Ärzte

Wilhelm Raabe

HOFFNUNG

Wenn die Hoffnung nicht wär',
Wir lebten nicht mehr!
Sie allein kann uns trösten,
Kann lindern die Pein.
Wie ging es denn hin, wie ging es denn her,
Wenn die Hoffnung nicht wär'!

Die Armut, sie weint,
Ihr Gold wird verprasst;
Die göttliche Wahrheit,
Sie ist verhasst!
Wie ging es denn hin, wie ging es denn her,
Wenn die Hoffnung nicht wär'!

Vor Gott sind wir gleich,
Hier aber liegt, ach!
In der Wiege die Größe,
In der Wiege die Schmach!
Wie ging es denn hin, wie ging es denn her,
Wenn die Hoffnung nicht wär'!

Nur der Adel regiert,
Der Bürger ist Sklav,
Und ist doch voll Weisheit,
Ist kräftig und brav!
Wie ging es denn hin, wie ging es denn her,
Wenn die Hoffnung nicht wär'!

Unser Recht vom Himmel,
Sie schlugen's entzwei;
Sie traten's mit Füßen,

Und wir dachten dabei:
Wie ging es denn hin, wie ging es denn her,
Wenn die Hoffnung nicht wär'!

So hab'n wir gehoffet,
Und hoffen noch jetzt;
Aber Hoffen und Harren
Macht Narren zuletzt.
Es ging besser hin, es ging besser her,
Wenn die Hoffnung nicht wär'!

Unsre Hoffnung ist der Geist,
Der die Ketten zerreißt;
Unsre Hoffnung ist das Schwert,
Gen Tyrannen gekehrt!
Wie ging es denn hin, wie ging es denn her,
Wenn die Hoffnung nicht wär'!

Adolf Glaßbrenner

Die Hoffnung ist wie ein Surfbrett, dass dich durch
die Wellen von Glück und Unglück trägt.

Peter E. Schumacher

DIE HOFFNUNG NÄHREN

Die Hoffnung plustert sich auf
wie der rote Kehlsack eines Orang Utans
der siegesbewusst auf seine Brust trommelt

Die Hoffnung ist ein Jagdhund ohne Spur
er hechelt einem Eichhorn nach
das nicht totzukriegen ist

Die Hoffnung ist ein Scharlatan
kein Schachtelsatz reichte aus
die Täuschungsmanöver aufzuzählen
Grund genug die Hoffnung aufzugeben

Sie glänzt sie grünt
sie wiegt mich die Hoffnung
sie raspelt viel Süßholz

Die Hoffnung ist ein Hormon
das in Fleisch und Blut übergeht
ein Adrenalinausstoß
der für Power sorgt

Die Hoffnung ist noch blinder
als die Liebe unbelehrbare
wahnwitzige Hoffnung Ach

Wie konnte ich hoffen
dass die Nadel auf dem Monitor
neben deinem Bett noch einmal
ausschlagen die Signale
weiter ertönen könnten

Wenn jemand mir raten würde
die Hoffnung fahren zu lassen
könnte ich nur mit einem
mitleidigen Lächeln antworten

Ich hoffe inständig
sie wird mir all meine Lebenstage
nicht vergällt die Hoffnung

Eva Zeller

Hoffnung ist eine Lebenskraft

UNBESIEGBARE HOFFNUNG

Die Hoffnung ging einen dunklen Weg entlang. Plötzlich stand das Böse vor ihr und machte sich groß.

Ich werde dich besiegen, sagte es. Dessen kannst du gewiss sein. Gib am besten gleich auf, deine Tage sind ohnehin gezählt.

Du irrst, sagte die Hoffnung. Mich kannst du nie besiegen. Denn ich bin nicht allein. Milliarden Menschen tragen mich in sich. Gegen so viele kommst du niemals an.

Doris Bewernitz

WANDEREMPFEHLUNG

Blick nicht zurück, es ist vorbei,
auch, was du nicht verstehst!
Woher du kommst, ist einerlei,
doch nicht, wohin du gehst!

Sei Wandersmann, sei Wanderfrau
in unerforschtem Land,
nimm's Hinterdir nicht zu genau
und sei auf Vorn gespannt!

Jörn Heller

Wer nichts waget, der darf nichts hoffen.

Friedrich Schiller

WAS KEINER WAGT, DAS SOLLT IHR WAGEN

Was keiner wagt, das sollt ihr wagen
was keiner sagt, das sagt heraus
was keiner denkt, das wagt zu denken
was keiner anfängt, das führt aus

Wenn keiner ja sagt, sollt ihr es sagen
wenn keiner nein sagt, sagt doch nein
wenn alle zweifeln, wagt zu glauben
wenn alle mittun, steht allein

Wo alle loben, habt Bedenken
wo alle spotten, spottet nicht
wo alle geizen, wagt zu schenken
wo alles dunkel ist, macht Licht

Lothar Zenetti

DAS LEBEN – EINE ACHTERBAHN

Das Leben – eine Achterbahn:
mal rum, mal rauf, mal runter.
Krall dich nur fest und hol tief Luft
und bleib vor allem munter.

Das Leben – ruheloses Meer:
Schaum, Wogen, Wind und Klippen.
Halt deinen Kurs, so gut es geht,
lass deinen Kahn nicht kippen.

Das Leben – ein bewegtes All,
in jede Richtung offen.
Du klebst an dem Planetchen dran.
Was tun? Nun, lachen und hoffen!

Gudrun Pausewang

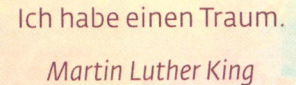

Ich habe einen Traum.

Martin Luther King

Einst lebte ein Zimmermann, den eines Abends auf seinem Heimweg ein Freund anhielt und fragte: „Mein Bruder, warum bist du so traurig?"

„Wärst du in meiner Lage, du empfändest wie ich", sagte der Zimmermann. „Erkläre dich", sprach der Freund. „Bis morgen früh", sagte der Zimmermann, „muss ich elfttausendhundertelf Pfund Sägemehl aus Hartholz für den König bereit haben, oder ich werde enthauptet."

Der Freund lächelte und legte ihm den Arm um die Schulter. „Mein Freund", sagte er, „sei leichten Herzens. Lass uns essen und trinken und den morgigen Tag vergessen. Der allmächtige Gott wird, während wir ihm Anbetung zollen, statt unserer des Kommenden eingedenk sein."

Sie gingen also zum Hause des Zimmermanns, wo sie Weib und Kind in Tränen fanden. Den Tränen ward Einhalt getan durch Essen, Trinken, Reden, Singen, Tanzen und allsonstige Art und Weise von Gottvertrauen und Güte. Inmitten des Gelächters fing des Zimmermanns Weib zu weinen an und sagte: „So sollst du denn, mein lieber Mann, in der Morgenfrühe enthauptet werden, und wir alle vergnügen uns indessen und freuen uns an der Güte des Lebens. So steht es also." „Denke an Gott", sprach der Zimmermann, und der Gottesdienst ging weiter. Die ganze Nacht hindurch feierten sie.

Als Licht das Dunkel durchdrang und der Tag anbrach, wurde ein jeglicher schweigsam und von Angst und Kummer befallen. Die Diener des Königs kamen und klopften sacht an des Zimmermanns Haustür, und der Zimmermann sprach: „Jetzt werde ich sterben", und öffnete. „Zimmermann", sagten sie, „der König ist tot. Mache ihm einen Sarg."

William Saroyan

Eine frohe Hoffnung ist mehr wert
als zehn trockene Wirklichkeiten.

Franz Grillparzer

Hoffen heißt wagen

VERSPROCHEN

Eines schönen Frühlingstages lag die Hoffnung auf einer Wiese, ruhte sich aus, lauschte dem Gesang der Vögel und genoss den lieben Sonnenschein. Da kam ein kleines Mädchen vorbei, das hatte den Blick zu Boden gerichtet und Tränen in den Augen.

Was ist dir nur geschehen? fragte die Hoffnung.

Ich habe meine Freude verloren, erwiderte das Mädchen. Ich suche sie schon so lange. Aber ich kann sie nicht wiederfinden.

Da stand die Hoffnung auf, sah dem Kind liebevoll in die Augen, nahm es bei der Hand und sagte: Ich helfe dir suchen. Zusammen finden wir sie. Versprochen.

Doris Bewernitz

Die Hoffnung ist der Regenbogen über dem herabstürzenden Bach des Lebens.

Friedrich Nietzsche

Angst heißt, an alles zu denken, was in der Zukunft schiefgehen könnte. Bei dieser unnötigen Sorge handelt es sich um eine kognitive Erkrankung, die in unserer modernen Welt epidemische Ausmaße angenommen hat.

Das Gegenmittel ist, an alles zu denken, was in der Zukunft gut laufen könnte. Das erhöht, nebenbei gesagt, auch die Wahrscheinlichkeit, dass es tatsächlich so kommt. Auf diese Weise bringen Sie Hoffnung in Ihre Zukunft statt Negativität.

Machen Sie sich also keine Sorgen, sondern seien Sie grundlegend optimistisch. Oder wie der Australier sagt: Don't worry. Be hopey!

Vor langer Zeit sagte einmal ein ebenso weiser wie unorthodoxer geistlicher Führer, dass es in der Welt nur zwei Arten von Religionen gibt: 1. Solche, die die Wahrheit verbiegen, damit sie ihrem Glauben entspricht, und 2. Solche, die ihren Glauben der Wahrheit anpassen.

Er selbst war Anhänger des zweiten Typus von Religion und stets bereit, auch hochgeschätzte Dogmen und Rituale aufzugeben, wenn sie mit den Tatsachen kollidierten.

Unter den Traditionalisten brachte ihm das natürlich viele Feinde ein. Und diese sahen auch bald eine Möglichkeit, ihn zu vernichten.

Sie rissen Äußerungen, die er in seinen vielen öffentlichen Vorträgen gemacht hatte aus dem Zusammenhang und beschuldigten ihn der Häresie. Vor Gericht wurde er für schuldig befunden und erhielt die Todesstrafe.

Nach Verkündigung des Urteils seufzte der geistliche Führer laut auf: „Ach wie schade, ich hatte doch vor, der Gemahlin des ehrenwerten Richters eine einfache Form der Meditation beizubringen, damit sie keinen Streit mehr mit ihm suchen muss. Das wird mir jetzt wohl nicht mehr möglich sein. Und sie lernt nie, etwas entgegenkommender zu werden. Das tut mir ja so leid!"

„Kennt Ihr denn eine Meditationsmethode, die bewirkt, dass meine Frau nicht mehr mit mir zankt?", fragte der Richter neugierig.

„Mir sind alle Arten der Meditation bekannt, Euer Ehren", antwortete der Verurteilte.

„Hm", überlegte der Richter. „Na gut, ich setze die Todesstrafe für zwölf Monate aus, damit Ihr meiner Frau beibringt, nicht mehr mit mir zu streiten. Sollte sie übers Jahr aber immer noch zanksüchtig sein, werde ich der Vollstreckung des Urteils persönlich beiwohnen. Die Verhandlung ist damit geschlossen."

Während der geistliche Führer den Gerichtssaal verließ, um zwölf Monate lang ein freier Mann zu sein, fragten seine Anhänger, was das denn für eine machtvolle Meditation sei, mit deren Hilfe man sogar Ehefrauen dazu bringen könne, sich nicht mehr mit ihren Ehemännern zu streuten.

„Keine Ahnung", antwortete der geistliche Führer. „Eine solche Methode kenne ich bislang nicht, aber das kommt ja vielleicht noch! Und überhaupt: Wer weiß schon, was in den nächsten zwölf Monaten so alles geschehen mag. Die Frau des Richters könnte das Zeitliche segnen, was dazu führt, dass sie ihren Gemahl nicht mehr anblafft. Oder vielleicht sterbe auch ich bis dahin eines natürlichen Todes. Wie dem auch sei, jetzt kann ich erst einmal ein ganzes Jahr lang in Freiheit genießen. Und ihr, denkt immer an den Spruch: „Don't worry, be hopey!"

Ajahn Brahm

Die Hoffnung stand am Ufer eines Flusses. Da kam ein Pessimist vorbei und sah sie zornig an.

Wie oft habe ich mich von dir narren lassen, sprach er. Aber damit ist jetzt Schluss. Ich bin Realist. Ich weiß, dass das Scheitern ein Gesetz ist. Dass das Leben voller Niederlagen ist. Du machst mir nichts mehr vor!

Ich widerspreche dir nicht, was das Auftreten von Scheitern und Niederlagen betrifft, erwiderte die Hoffnung. Nur vergisst du, dass ihr Sinn ganz und gar darin besteht, Perspektiven zu verändern und die neuen Chancen zu ergreifen, die sie in sich tragen.

Doris Bewernitz

Hoffen heißt, jeden Augenblick bereit sein für das,
was noch nicht geboren ist,
und trotzdem nicht verzweifeln,
wenn es zu unseren Lebzeiten
nicht zur Geburt kommt.

Erich Fromm

VERHEISSUNG

Menschen, die aus der Hoffnung leben
sehen weiter.
Menschen, die aus der Liebe leben,
sehen tiefer.
Menschen, die aus dem Glauben leben,
sehen alles in einem anderen Licht.

Lothar Zenetti

HOFFNUNGSBAUM

Nimm deine Hoffnung
wie Samenkörner
pflanze sie,
bitte die Sonne
um Licht,
den Himmel
um Wasser,
es wird wachsen
ein Baum,
deine Hoffnung
trägt Früchte
Lohn deines Glaubens

Peter Schiestl

Wer Bäume setzt, obwohl er weiß, dass er nie
in ihrem Schatten sitzen wird, hat zumindest
angefangen, den Sinn des Lebens zu begreifen.

Rabindranath Tagore

INS BLAUE

Wir müssen uns den Himmel
offen halten
für Ideen und Träume
für Hoffnung und Mut

Wir müssen uns den Himmel
offen halten
gegen Sorge und Mühe
gegen Ärger und Wut

Wir müssen uns den Himmel
offen halten
für Gott und sein Werden
miteinander und keiner allein

Wir müssen uns den Himmel
offen halten
und wir erleben
Stufe für Stufe
unser blaues Wunder

Catrina E. Schneider

Wenn wir die Furcht aus unseren Herzen verjagen,
hat die Hoffnung Platz, um darin zu wohnen.

Hoffen heißt wagen

TROST

Erlosch einer Hoffnung Schimmer,
lass nur der Zeit ihren Lauf;
Begrabene Hoffnung steht immer
als Weisheit wieder auf.
Die führt dich auf schwerem Wege
treulich ein gutes Stück,
jenseits vom Trauerstege
wartet ein neues Glück.

Paul Keller

HOFFNUNG

Aber ich sag dir,
damit du nicht
fortgehst,
es lohnt sich
zu warten,
denn wir werden
mit den Bäumen
zurückwachsen
in die Wurzeln,
mit den Strömen
umkehren
zum Berg,
mit den Steinen
weich werden
im Feuer
und endlich
erzählen können,
was wir sein wollten.

Peter Härtling

IHRE STÄRKE

Die Hoffnung trägt ein dünnes Kleid. Mitten im Winter. Sie friert häufig. Ihr Haar ist zerzaust. Ihre Lippen blaugefroren. Mit bloßen Füßen geht sie durch den Schnee. Du kannst ihre Spuren sehen. Tausende Jahre ist sie alt, ein unvergängliches Wunder. Denn sie gibt niemals auf. Sie weiß um die Endlichkeit des Winters. Sie weiß vom Licht, das die Dunkelheit aufhebt. Sie vertraut der Heilung, die die Schmerzen beendet. Sie trägt Frühling und Wärme in sich. Ihre Stärke ist die Geduld.

Doris Bewernitz

Drei Dinge helfen, die Mühseligkeiten
des Lebens zu tragen:
Die Hoffnung, der Schlaf und das Lachen.

Immanuel Kant

Eine Hoffnung, die man sieht, ist keine Hoffnung,
sagt Paulus.
Es geht um eine Haltung des Trotzdem.

ERWARTUNGSHALTUNG

Da
Wo eigentlich nichts mehr
Zu erwarten ist
Trotzdem
Hoffen

Trotzdem
Etwas erwarten
Trotzdem
Und gerade darum
Weil es uns zugesagt wurde

Wir dürfen hoffen
Weil wir von Dir
Ganz persönlich
Die Zusage haben

Ja
Wir sind in Erwartung

Doris Wohlfarth

Sicher kennen Sie die biblische Geschichte von Noah und der Sintflut. Wie kaum eine andere steht sie für unerschütterliche Hoffnung. Das Wasser steigt lebensbedrohlich, und Noah erhält den Auftrag, eine Arche zu bauen, also eine Art „Rettungsstation". Lassen wir mal dahingestellt, ob er eine Stimme (die Stimme Gottes) gehört hat, eine Erscheinung hatte oder ob es sich um eine innere Kraft handelte, die er spürte, ob es – wie wir es heute ausdrücken würden –, Intuition war, was zu tun ist – auf alle Fälle ist er getrieben von dem Wunsch nicht aufzugeben und der Hoffnung zu überleben. Er tut alles ihm Mögliche trotz der ausweglosen Situation. Eine unerschütterliche Hoffnung auf Rettung ist in ihm. Als ihm das Wasser sprichwörtlich „bis zum Hals steht", kommt eine Taube mit einem Ölzweig im Schnabel, um ihm zu zeigen, Baumwipfel sind wieder zu sehen, das Wasser sinkt, Rettung naht. Am Himmel erscheint ein Regenbogen – Ursymbol religiöser Hoffnung. Der Regenbogen verbindet Himmel und Erde, Gott und die Menschen und leuchtet in vielen Farben. Er steht für die Unterstützung und das Versprechen Gottes, wie wir im Alten Testament lesen können: „Ich richte meinen Bund so mit euch auf, dass hinfort nicht mehr alles Fleisch verderbt werden soll durch die Wasser der Sintflut und hinfort keine Sintflut mehr kommen soll, die Erde zu verderben. Darum soll mein Bogen in den Wolken sein, dass ich ihn ansehe und gedenke an den ewigen Bund zwischen Gott und allem lebendigen Getier unter allem Fleisch, das auf Erden ist."

Zugegeben, es gibt reichlich Anlass, an der Güte des Lebens zu zweifeln. Die vielen Toten beim Erdbeben in der Türkei und in Syrien, die ertrunkenen Flüchtlinge im Mittelmeer, die Verwüstung ganzer Landstriche durch Überschwemmungen, der Krieg in der Ukraine … diese Liste ließe sich fortsetzen und zeigt, es spricht eigentlich vieles dagegen, an die Zusage Gottes vom Bund zwischen ihm und den Menschen zu glauben. Mir kommt bei solchen Katastrophen immer die Frage: „Warum lässt du das zu, Gott?" Und dann erkläre ich mir diesen fast unaushaltbaren Zustand damit, dass Gott schließlich nicht in die Naturgesetze eingreift, so wie er auch nicht das Wetter macht, dass wir nicht Marionetten in seiner Hand sind, und verabschiede mich von der Illusion meines Kinderglaubens, dass „der liebe Gott" schon alles gut machen wird. Mit Gott zu hadern, ihn zu vermissen und an ihm zu leiden, gehört zu meinem Erwachsenenglauben.

In einem meiner Lieblingslieder aus dem Kirchengesangbuch heißt es:
„Wer nur den lieben Gott lässt walten
und hoffet auf ihn allezeit,
den wird er wunderbar erhalten,
in aller Not und Traurigkeit.
Wer Gott dem Allerhöchsten traut,
der hat auf keinen Sand gebaut.
(...)
Denk nicht in deiner Drangsalshitze,
dass du von Gott verlassen seist
und dass ihm der im Schoße sitze,

der sich mit stetem Glücke speist.
Die Folgezeit verändert viel
und setzet jeglichem sein Ziel."

Diese Zeilen bestätigen, dass wir Menschen immer wieder Not, Traurigkeit und Drangsal ausgesetzt sind, aber ermutigen auch, die Hoffnung trotzdem nicht aufzugeben. Trotzdem hoffen! lautet die Devise, weil sich nur so kraftvoll weiterleben lässt und weil sie uns zur Eigenverantwortung aufruft. Diese Lebenseinstellung sind wir uns schuldig. Noah wird beauftragt, eine Arche zu bauen. Sein eigenes Zutun ist gefordert. Seine ganze Kraft ist nach vorne ausgerichtet und macht ihn stark, weil das, was er tut, Sinn für ihn macht. Nicht erst der Erfolg rechtfertigt sein Tun, sondern der Vorschuss an Vertrauen und Liebe lassen ihn leben. Sich um die Gewissheit des guten Ausgangs nicht zu kümmern und zu tun, als sei es schon sicher, dass unserer Arbeit Erfolg beschert ist, sind wir uns und unseren Nachkommen schuldig. Der Regenbogen erinnert uns daran, dass Gott einen Bund mit den Menschen eingegangen ist, aber auch daran, dass unser Anteil zum Gelingen, unser „Mit-Bauen" gefragt ist, gerade auch in schwierigen Situationen.

So hat es Fulbert Steffensky einmal gesagt: „Wir können tun, als hofften wir. Hoffen lernt man auch dadurch, dass man handelt, als sei Rettung möglich. Hoffnung garantiert keinen guten Ausgang der Dinge. Hoffen heißt, darauf vertrauen, dass es sinnvoll ist, was wir tun." Er erinnert zudem daran: „Es braucht Mut zur Hoffnung. Sich zu erschöpfen in Ohnmachtsgefühlen, dazu braucht man keinen Mut. Zum Mut und zur Hoffnung braucht es die größere Liebe. Mut ist nicht eine Art natürlicher Vitalität und Unverwüstlichkeit. Mut wird den Gefahren abgerungen. Der Wortstamm von ‚Mut‘ sagt uns, dass es nicht um eine formale Stärke geht. Das mittelhochdeutsche ‚muot‘ bedeutet Sinn, Geist, das Innere, das Herz des Menschen. ‚Herz‘ steckt in dem französischen Wort courage, das wir mit Mut übersetzen. Die Voraussetzung des Mutes ist also, dass ein Mensch mit etwas identifiziert ist; dass er ein Herz und ein Gemüt für etwas hat; dass sein Geist auf etwas gerichtet ist und dass er etwas liebt.“

Wir sind verantwortlich für das, was wir hoffen.
Ein Regenbogen am Himmel kann uns immer wieder daran erinnern, dass es bei einer hoffnungsvollen Lebenshaltung genau darum geht: Zusage und Aufgabe, Trost und Ansporn, Vertrauen und Gestaltungswille, Liebe und Mut. Damit wir niemals aufgeben und uns an die hoffnungsstiftende Zusage Gottes erinnern und ihr vertrauen, gibt es seit vielen Jahren bei uns in der Familie die Redewendung, sobald wir einen Regenbogen am Himmel sehen: „Und es gibt Ihn (Gott) doch!“

Claudia Peters

Hoffnung.
Im Dunkel
Die Sonne
Sehen

Nikola Hahn

Wohl dem, der beten kann, wohl dem, der so beten kann: „Dein Reich komme." Weil er nicht alle Hoffnung aufgegeben hat. Seine Augen sind nicht verkleistert, er sieht schon genau, was ist. Er sieht, was bedrängt. Er kann die „Wasserstandsmeldungen der Sintflut" lesen, aber er sieht auch, was wird und was an neuem Leben wächst. Es sind die kleinen Dinge des Lebens, in denen und durch die etwas aufscheint von dem, was wir erhoffen, erbitten und erstreiten. Wer so betet, begnügt sich nicht mit den kleinen Dingen, sondern behält immer auch Größeres im Sinn, ohne die kleinen Dinge verächtlich machen zu müssen. Er sieht das Neue und Wunderbare, dass aus einem Senfkorn ein Baum wird, dass ein Kind in der Mitte steht, zum Lehrmeister eines Lebens aus Vertrauen wird. Er kann loslassen und weggeben, weil er das Eine gefunden, das ihm wertvoll ist.

„Dein Reich komme" – ich murmele, ich stottere, ich wispere, ich bitte, rufe, flehe diesen wunderbar einfachen, so öffnenden, weitenden, atemgebundenen Satz vor mich hin, wohl hunderte Mal gesprochen, entdecke ich ihn.

Das Reich Gottes und seine neue, andere Gerechtigkeit will den Menschen allen zugute kommen, zu ihnen kommen, ihnen die Augen öffnen dafür, „dass es auch anders geht". Wer so betet, weitet seinen Blick auf die ganze Menschheit, bittet nicht um sein eigenes Reich, sondern um ein Reich, das alle unsere Reiche überschreitet, überwölbt, übersteigt. Wer so betet, kann keine rassistische, ideologische oder religiös-konfessionelle Überordnung der einen über die anderen wollen oder zulassen. Wer so betet, muss sich gegen nationalistische Verengung wenden. Wer jedweder Form rassistischer oder nationalistischer Überhöhung nicht aktiv entgegentritt, soll nicht so beten!

Das Reich Gottes ist ein Raum, ein grenzenloser, grenzenübergreifender Raum, etwas, auf das wir zugehen und das auf uns zukommt, das uns zukommt.

Dein Reich komme, das kann ein Notschrei, ein Bittruf, ein Hoffnungsseufzer, eine Routineformel, eine Widerstandsparole, vor allem eine hoffende Bitte sein.

Friedrich Schorlemmer

DAZWISCHEN DER ABGRUND

Hoffnung – spinnenwebenfeiner Faden
zwischen Nein und Doch
zwischen Resignation und Mut
zwischen
kann nicht sein und vielleicht
zwischen
haben wir schon probiert und versuchen es noch ein
letztes Mal
und dazwischen der Abgrund
Hoffnung – wider alle Vernunft!

Gerhard Heilmann

Es trifft gewiss zu, dass die Hoffnung eine Gnade ist.
Aber fraglos ist sie eine schwierige Gnade.
Sie fordert zuweilen unsere Bereitschaft,
auch im Scheitern eine Chance zu sehen,
in der Niederlage eine neue Möglichkeit.
Vielleicht ist die Hoffnung
die letzte Weisheit der Narren.

Siegfried Lenz

Die Realität nüchtern, klar sehen, und doch hoffen.
Darum geht es. Es ist noch nicht entschieden, wie es
weitergeht. Diese Offenheit, wie die Zukunft aussieht, bewirkt eine Kraft in uns. Daran erinnert auch
Martin Luthers Statement, dass es gilt, heute noch
ein Apfelbäumchen zu pflanzen, selbst wenn morgen
die Welt unterginge.
Dieses „und doch" lohnt sich.

Alle Geschichten, die Menschen Mut machen, die sie aufrichten in ihrem Elend, sind Trotzdem-Geschichten. Das fängt bei den Märchen an. Da steht ein Winzling dem siebenköpfigen Drachen gegenüber. Das Kind der Hexe. Der Zwerg dem Riesen. Sie haben nichts. Sie müssen versagen. Um ihr nacktes Leben müssen sie fürchten und die Lage scheint aussichtslos. Dennoch wagen sie das schier Unmögliche. Und siehe da, ihr Mut ruft alle himmlischen und irdischen Helfer herbei. Das Wunder geschieht. Sie triumphieren.

Es scheint immer genau dieser paradoxe Mut angesichts einer ausweglosen Situation zu sein, der die Rettung einleitet. Dieser Trotz zum Leben angesichts von Ausweglosigkeit und Übermacht, der die Lage wendet. Und es ist genau dieses Trotzdem, von dem Menschen sich so gern erzählen. Das fängt bei den Märchen an und zieht sich durch alle Geschichten, die erzählt und aufgeschrieben wurden. Überall schimmert dieser Trotzdem-Funke hindurch. Immer wieder erzählen wir Menschen uns genau dies weiter: Da hat jemand einen Ausweg aus Not und Nacht gefunden. Stell dir vor, sagen wir, was passiert ist. Und dann erzählen wir, immer und immer wieder.

Warum?

Weil unser ganzes Leben ein Trotzdem ist. Weil es die größte Kraft ist, dem Licht zu glauben angesichts der Dunkelheit. Vom Licht zu wissen. Dem Licht zu vertrauen. Und zwar genau dann, wenn es eben nicht zu sehen ist. Dass uns dies gelingen kann, dass wir diese Zuversicht haben dürfen, uns diesem Wunder anvertrauen dürfen, ist eine Menschheitserfahrung, die wir uns erzählen müssen, weil wir damit einander stark machen.

Doris Bewernitz

SO HOFF DU IMMER

In Hoffnung streut des Pflügers Hand
Den Samen in das Gottesland.
In Hoffnung steigt trotz Sturm und Riff
Der Kaufmann in sein schwankes Schiff.
In Hoffnung zieht zu Kampf und Strauß
Der König auf die Walstatt aus.
In Hoffnung trägt des Jünglings Herz
Der Sehnsucht namenlosen Schmerz.
In Hoffnung senkt ins dunkle Grab
Das Weib den Gatten und den Vater hinab.
Und Hoffnung ließ auf dieser Erden
Noch keinen nimmer zu Schanden werden.
Drum, armes Herze, verzage du nimmer:
Was auch geschieht, so hoffe du immer!

Gustav Legerlotz

Jeder Dunkelheit
folgt
der Aufgang
der Sonne
die Rückkehr
des Lichts
das Leuchten
von Hoffnung
und Zuversicht

Marion Schmickler-Weber

ZERSTOBEN SIND DIE WOLKENMASSEN

Zerstoben sind die Wolkenmassen,
Die Morgensonn' ins Fenster scheint:
Nun kann ich wieder mal nicht fassen,
Dass ich die Nacht hindurch geweint.

Dahin ist alles, was mich drückte,
Das Aug' ist klar, der Sinn ist frei,
Und was nur je mein Herz entzückte,
Tanzt wieder, lachend, mir vorbei.

Es grüßt, es nickt; – ich steh' betroffen,
Geblendet schier von all dem Licht:
Das alte, liebe, böse Hoffen –
Die Seele lässt es einmal nicht.

Theodor Fontane

Auch in dem elendesten Dasein gibt es ein Häkchen,
an das ein Faden des Heils sich anknüpfen ließe.

Marie von Ebner-Eschenbach

Hoffnung ist eine Haltung des Trotzdem

die hoffnung

die hoffnung geht zu fuß
die hoffnung strampelt auf dem rad
die hoffnung fährt mit der bahn
die hoffnung guckt wolken nach
die hoffnung grüßt den mond
die hoffnung findet zeit
die hoffnung verteidigt igel und bäume
die hoffnung versteckt asylanten
die hoffnung kauft im drittweltladen ein
die hoffnung fällt und erhebt sich wieder
die hoffnung steigt über berge
die hoffnung durchschwimmt das meer
die hoffnung bleibt neugierig
die hoffnung entdeckt zusammenhänge
die hoffnung sucht verbündete
die hoffnung kann entbehren
die hoffnung weiß zu genießen
die hoffnung schürt das feuer der liebe
die hoffnung kann wütend werden
die hoffnung kann traurig sein
die hoffnung lacht subversiv
die hoffnung kämpft für das recht des anderen
die hoffnung feiert und tanzt
die hoffnung macht zärtlich
die hoffnung hat nichts
die hoffnung will alles
die hoffnung betet zu Gott

Kurt Marti

MEINE REISE

Ich werde meinen Weg weitergehen
Auch wenn er anstrengend ist
Ich werde ihn so lange gehen

Bis ich das Licht sehe
Ich habe mir die Erlaubnis erteilt
Und wenn ich

Bis ans Ende der Welt laufen muss
Ich werde nicht umkehren
Ich werde ans Ziel gelangen

Doris Bewernitz

Es ist besser, ein einziges kleines Licht anzuzünden,
als die Dunkelheit zu verfluchen.

Konfuzius

TROTZ ALLEM HOFFNUNG

Vorbei ist nun die dunkle Nacht,
in der ich lange wach gelegen
und sich die Geister konnten regen,
an die ich lange nicht gedacht.

Denn aus den Fugen ist die Welt,
es herrschen Lügen, Krieg und Mord.
Was tot zu sein schien, lebt nun fort –
der lauteste ist jetzt der Held.

Doch soll die Angst mich nicht erdrücken,
die Angst vor Krankheit, Leid und Tod.
Die Nachtgespenster sind verflogen,

als ich nun schaue voll Entzücken
aufs leuchtend helle Morgenrot
und auf den bunten Regenbogen.

Christa Kluge

An einer strömungsreichen Stelle irgendwo am Meer fand ich ein Schild, das Schwimmer warnt und das ihnen empfiehlt, für den Fall, dass eine Strömung sie erfasst, sich nicht gegen den Sog zu wehren. Die Strömung führe wieder zurück, sagt der Text. Man solle seine Kräfte nicht sinnlos verbrauchen, sondern sich vom Wasser selber zurücktragen lassen.

Wie muss ein Mensch beschaffen sein, der handeln kann, wie das Schild ihm rät?

Er müsste zunächst wissen, dass das Meer seine Gesetze hat und dass seine Bewegungen nicht vollkommen unberechenbar und chaotisch sind. Er müsste die Hoffnung haben, dass diese Gesetze, die gestern gegolten haben, auch heute gelten. Dann müsste er fähig sein, auf die Durchsetzung seines unmittelbaren Zieles, nämlich jetzt sofort ans Ufer zu kommen, zu verzichten. Er müsste warten und langfristig und geduldig denken können. Er müsste außerdem zugeben können, dass er nicht zu allem fähig ist, dass er nicht ständig Herr seiner Lage ist, dass seine eigenen Kräfte gegen die Gewalt des Meeres lächerlich sind. Er müsste also einen Glauben haben an den Zusammenhang des Ganzen, eine geduldige Hoffnung auf einen guten Ausgang trotz der augenblicklichen Gefahr und die Demut der richtigen Einschätzung seiner eigenen Kräfte.

Fulbert Steffensky

TROTZDEM

Die Hoffnung
Am nächsten Tag festmachen
Wie ein Schiff am Kai
Das zerschlissene Seil
Ausbessern
Notfalls neu knüpfen
Immer wieder
Und bräucht es dafür
Ein Leben

Doris Bewernitz

Hebt mich das Glück, so bin ich froh
und ging in dulci jubilo;
senkt mich das Rad und quetscht mich nieder,
so denk ich:
Nun, es hebt sich wieder.

Johann Wolfgang von Goethe

Die Hoffnung ist zu verteidigen, und die einzige Verteidigung ist die Hoffnung selbst.

Die Hoffnung ist zu verteidigen – nicht die Unerlässlichkeit des Christentums.

Die Hoffnung – nicht die Lehre oder der Glaube oder die Moral.

Hoffnung ist das erste Wort der Christen, wenn andere von uns Rechenschaft verlangen.

Ja – gerade die Hoffnung, die wir nicht beweisen können!

Wenn die Hoffnung bei uns im Mittelpunkt steht, dann ist der Kern unseres Redens nicht mehr das, was wir haben und verstehen und wissen. Sondern einfach nur – Gott (…). Die Hoffnung hebt den Blick (…) weg von uns selber. Die Hoffnung, die uns treibt, die *in uns ist* (…) kommt von außen. (…) Sie ist Überraschung und Entdeckung, uns selber und der Welt zum Trotz.

Daniele Garrone

Nach meiner Erkenntnis bin ich pessimistisch,
in meinem Wollen aber optimistisch.

Albert Schweizer

HOFFNUNGSKILLER

1. Grübeln
2. Festhalten an Dingen, Situationen, Personen
3. An der Vergangenheit kleben
4. Kontrollsucht
5. Sich vergleichen
6. Einsamkeit
7. Die „Äpfel" (die Erwartungen an die Zukunft, ans Leben) zu hoch hängen

Wenn der Weg unendlich scheint und plötzlich nichts mehr gehen will, gerade dann darfst du nicht zaudern.

Dag Hammarskjöld

wer hofft, ist jung

Eines schlimmen Tages, lang ist es her, war der einzige Brunnen versiegt, aus dem die Menschen ihr Wasser geholt hatten. Dieser Brunnen lag ein gutes Stück Fußwegs vom Dorf entfernt. Niemand wusste, warum er ausgetrocknet war.

Einige Male gingen die Menschen aus dem Dorf noch zu ihm, doch da sie immer wieder mit leeren Eimern heimkehrten, gingen sie bald nicht mehr. Sie litten. Sie hatten Durst. Sie konnten sich nicht mehr waschen, ihre Pflanzen nicht mehr gießen, kein Essen mehr kochen. Sie siechten dahin und wehklagten über ihr Schicksal.

Einer war aber unter ihnen, ein junger Mann von schwächlicher Statur, der nahm weiterhin jeden Morgen seine beiden Wassereimer und ging zum Brunnen. Seine Nachbarn lachten ihn aus, wenn er abends mit seinen leeren Eimern heimkehrte. Als er dennoch nicht damit aufhörte, wurden sie wütend. Sie beschimpften ihn. Sie bedrohten ihn. Sie verboten ihm, zum Brunnen zu gehen, weil sie es nicht ertrugen, dass er ihnen täglich ihr Elend vor Augen hielt. Sie schlugen ihn. Sie bewarfen ihn mit Steinen. Doch der junge Mann ließ sich nicht beirren. Kaum, dass die Sonne über den Horizont stieg, nahm er seine Eimer und machte sich auf den Weg zum Brunnen. Und kehrte jeden Abend mit leeren Eimern zurück.

Die Leute im Dorf wandten sich von ihm ab. Niemand sprach mehr mit ihm. Niemand klopfte mehr an die Tür seiner Hütte. Indessen hatte unter ihnen ein großes Elend Einzug gehalten. Sie fielen vom Fleische. Ihre Körper waren ausgemergelt und krank. Viele hatten sich aufgegeben und legten sich zum Sterben nieder.

Der junge Mann aber, der unbeirrt jeden Tag zum ausgetrockneten Brunnen wanderte, galt als verrückt. Bis er eines Abends mit zwei vollen Eimern heimkehrte, über deren Ränder frisches, klares Wasser schwappte, und schon von Weitem allen zurief, der Brunnen habe wieder Wasser.

Ungläubig sahen die Menschen aus ihren Häusern. Dann kamen sie angelaufen und bestaunten das Wasser. Dann redeten sie alle durcheinander. Schließlich fragten sie ihn: „Wie hast du das gemacht?"

„Ich habe es nicht gemacht", sagte der junge Mann. „Der Brunnen hat es gemacht, nachdem ich ihm Tag für Tag von unserer Sehnsucht erzählt habe."

Doris Bewernitz

HOFFNUNG II

Wer hofft
ist jung

Wer könnte atmen
ohne Hoffnung
dass auch in Zukunft
Rosen sich öffnen

ein Liebeswort
die Angst überlebt

Rose Ausländer

WER HOFFT, SETZT AUF DAS BESSERE

Wer hofft, setzt auf das je Bessere, glaubt daran, dass das Bessere möglich ist, glaubt an Weiterentwicklung, an das Rettende und Wandlung.

Fast jeder kommt im Laufe seines Lebens in Situationen, wo er müde, verzweifelt und resigniert ist, wo er nicht mehr weiter kann und will.

Und plötzlich kann sich in der Mitte der Verzweiflung und Resignation, auf dem Tiefpunkt der Krise ein wundersamer Umschlag ergeben; plötzlich taucht eine Kraft auf, die neuen Mut, Gewissheit und Zuversicht gibt.

Hoffnung bildet den emotionalen Untergrund, aus dem heraus wir leben und handeln können, gerade angesichts der Erfahrung von Scheitern, Brüchigkeit, Krankheit und Tod.

Claudia Peters

Nenne dich nicht arm, weil deine Träume nicht in Erfüllung gegangen sind; wirklich arm ist nur, der nie geträumt hat.

Marie von Ebner-Eschenbach

Wenn der große Kinderarzt Bruno Bettelheim einen jungen Patienten als geheilt entlassen konnte, gab er ihm einen Belichtungsmesser als Abschiedsgeschenk mit auf den Weg, dazu den Rat: „Denke daran, immer das Licht zu messen und nicht den Schatten." (…)

Lieber ein Licht anzünden als über die Dunkelheit zu schimpfen und um Hoffnung bitten, die immer eine halbe Nummer größer ist als unsere Erschöpfung.

Traugott Giesen

Nützliche Übung

Gott hat uns Menschen den Frühling geschenkt,
damit wir das Hoffen nicht verlernen.

Doris Bewernitz

Neujahrstag 1972. Es ist warm. In einer geschützten Ecke 25 Grad. Gestern entdeckte ich im Terrassenbeet winzige hügelige Aufwürfe, darunter arbeitet es, da drängt schon etwas ans Licht. Heute sehe ich bereits einige weißgrüne Spitzen: Hyazinthen und Narzissen. Viel zu früh. Ich schiebe Erde und Mist sanft wieder über sie; ich decke die Kinder zu, die nachts aufgewacht sind, halb im Schlaf noch, aufstehen wollen. Unvernunft der Natur. Man sagt, es gebe 'Instinkte' und Regeln, und die Natur halte sich daran. Das ist nicht wahr. Sie lässt sich leicht betrügen, sie ist ohne Vorsicht und Misstrauen. Wie Kinder mit Downsyndrom reagieren Pflanzen enthusiastisch auf die kleinste Spur von Freundlichkeit des Klimas. Leicht verführbares Volk.

Aber wenn ich mir diese harten, grünlichen Spitzen länger anschaue, erscheinen sie mir doch auch als kleine Helden, als Avantgarde, als Vorhut, als brave Experimentierer: „Versuchen wir, ob wir's schon aushalten. Wenn nicht, nun, dann sterben wir eben ab, macht nichts; was stirbt, sind nur die Blätter; im Boden die Zwiebel, die Substanz, bleibt unzerstört. Also Mut, vorwärts!"

Die Unvernunft der Natur ist die Vernunft der Hoffenden auf die Unzerstörbarkeit der Gattung und des Lebens überhaupt.

Luise Rinser

Was wäre das Leben ohne Hoffnung? Es lebte nichts, wenn es nicht hoffte.

Friedrich Hölderlin

Wir sind umgeben von Bildern, im Fernsehen, in der Zeitung und in den sozialen Medien. Die Bilder, die wir sehen, setzen sich oft in uns fest. Und da in den Medien meist schlechte Nachrichten überwiegen, neigen auch wir dazu, die negativen Bilder in uns die Oberhand gewinnen zu lassen. Die Folge ist, dass wir den Eindruck haben, die Welt sei schlecht und auch die Zukunft würde kaum besser werden. Doch dieser Eindruck trügt. Die Welt ist nicht schlechter als früher, aber auch nicht viel besser.

Wir entscheiden jedoch über unsere Blickrichtung. Es ist natürlich nicht sinnvoll, alles durch die rosarote Brille zu sehen und zu beschönigen, aber nur auf das Schlechte zu schauen, kann unheimlich lähmend sein. Deshalb ist es lohnend, sich immer wieder bewusst zu machen, auf was ich schauen möchte. Und es ist hilfreich, auch immer wieder nach den großen und kleinen Dingen Ausschau zu halten, die gut, schön und ermutigend sind. Der Waffenstillstand in einem Kriegsgebiet, Rettungskräfte, die das Leben eines Menschen gerettet haben, die Bekannte, die eine schwere Operation überstanden hat. Das freundliche Lächeln der Kassiererin, das unerwartete Kompliment oder das helle Grün der ersten Blätter, die nach dem scheinbar ewig langen Winter wieder sprießen. Überall Hoffnungszeichen, die Mut machen, wenn wir sie entdecken.

Anna Tomczyk

WIDERSTAND

Wir leben in einer unbarmherzigen Welt, die dem Einzelnen kaum Zeit zum Atemholen lässt und in der uns jeder Schrecken, jeder Krieg, jede Katastrophe frei Haus geliefert wird. Alles Bedrohliche kommt nah. Es gibt gar kein Anderswo mehr. Keinen gnädigen Abstand zum furchtbaren Geschehen. Die ganze Brutalität der Welt spielt sich auf Knopfdruck in unserem Wohnzimmer ab. Ist es da nicht folgerichtig, zu verzweifeln? Ist es da nicht vermessen, von Hoffnung und Zuversicht überhaupt zu sprechen und zu schreiben?

Ja, es ist vermessen. Doch was wären wir, wenn wir alle vor Angst erstarrten? Auch wenn die Macht heute oft anonym geworden ist, wenn Gier und Gewalt alles Lebendige auf Erden bedrohen – das Einzige, was uns helfen kann, ist Widerstand. Eine Zeugenschaft dafür, dass es auch die andere Seite der Wahrheit gibt. Die da lautet, dass jeder Mensch, egal welcher Religion, Ethnie oder Überzeugung, wertvoll und einzigartig ist, verwundbar und schützenswert. Die Wahrheit, dass der große Frieden niemals nur für Einzelne gelingen kann, sondern nur miteinander. Und dass dieses Miteinander immer im Kleinen anfängt. Beim Freund. Beim Nachbarn. Bei sich selbst.

Es ist eine tägliche Entscheidung, den Kreislauf der Gewalt zu durchbrechen. Ihr zu widerstehen. Ihren schillernden und so oft scheinbar nachvollziehbaren Argumenten keinen Glauben zu schenken. Diese Entscheidung nenne ich Hoffnung.

Ja, ich weigere mich zu resignieren, schon allein deshalb, weil das Resignieren mein Auftrag ist, mein Erbe von den Eltern her. Weil mir der Schrecken des

Krieges, den sie erleben mussten, und alle Ohnmacht, die er in ihnen auslöste, schon über die Gene mitgegeben wurden wie ein Befehl. Schließe die Augen!, sagt dieser Befehl. Stecke den Kopf in den Sand! Gib auf! Und mit meiner winzigen Kraft, die nicht einen einzigen Krieg verhindern kann, halte ich dagegen. Es ist mein Lebenswille, der mir das diktiert. Der Wille, noch in der dunkelsten Nacht ein Wort zu flüstern: Trotzdem. Trotzdem muss es noch etwas anderes geben. Und das werde ich beschwören. Und ich werde nicht aufhören, danach zu suchen, solange ich lebe. Weil ich verstummen soll, werde ich gerade nicht verstummen. Und wenn ich nur den Stift nehme und Tag für Tag und Nacht für Nacht mein tausendfaches Trotzdem aufschreibe. Es ist dasselbe Trotzdem, das jedes blühende Schneeglöckchen mitten im Frost ruft. Es ist das Trotzdem von Borcherts Hundeblume. Das Trotzdem im Schrei des neugeborenen Kindes. Das Trotzdem des Frühlings. Es ist das Stück Leben und Schönheit, das alles verwandelt und das ich hinhalte als mächtiges Zeichen gegen alle Ohnmacht.

Doris Bewernitz

Wer hofft, ist seiner Zeit voraus.

Peter Coryllis

Bestimmt kennst du auch einen sogenannten Kraftort, einen Ort, an dem du aufleben und neue Energie tanken, Frieden und so etwas wie Geborgenheit finden kannst. An dem du das Gefühl hast: „Hier bin ich richtig, dieser Ort passt zu mir. Er ist mir wie auf den Leib geschnitten." Es kann sich dabei um einen besonderen Platz am Meer handeln, aber genauso kannst du ihn in den Bergen finden oder zum Beispiel in einer Kirche. Vielleicht ist so ein Kraftort für dich aber auch ein lieber Mensch mit ganz viel Herz, dein Lieblingsmensch. Vielleicht zählen für dich kostbare Erinnerungen ebenso dazu, wie bestimmte Bücher oder ein innerer Raum deines Körpers.

Ein Kraftort kann sicherlich auch ein großes Blumenfeld sein. Dort gibt es – zumal im Frühling oder Sommer – so viel Leben zu bestaunen! Man kann eine Vielzahl von Formen, Farben und Gerüchen wahrnehmen, gleichzeitig aber auch immer wieder neue wunderbare Entdeckungen machen, Insekten zuschauen und zuhören, großen Sonnen ganz nah sein – damit sind Sonnenblumen gemeint –, die Aussicht genießen und immer wieder unterschiedliche Wolkenbilder beobachten. Es gibt aber auch eine Einladung, einfach nur mal Platz zu nehmen, eine Atempause einzulegen, Zeit zu haben und still zu sein, das Hier und Jetzt zu genießen, sich in Gedanken zu versenken und zur Ruhe zu kommen. Und dabei nichts müssen. Einfach nur sein.

Suche ihn doch bald mal wieder auf, deinen Kraft-ort, deinen Sehnsuchtsort. Er kann dich auf wunder-bare Weise stärken, dir Mut und Hoffnung schenken.

Monica Lockowandt

HOFFNUNGEN

Ein Mensch erkennt, dass dieses Jahr,
Für ihn wohl nicht das beste war.
Er kam auf der Karriereleiter
Kein Stück, nicht eine Sprosse weiter.

Sein Auto fuhr er an den Baum,
Der Hund lief fort, manch' böser Traum,
Der ihn ob der Moneten quälte,
Ließ ihn oft fragen, was er täte,
Wenn nicht die Kinder und die Frau,
Ihm hülfen, all' das zu verdau'n.

So freut sich unser Mensch gewiss,
Dass dieses Jahr zu Ende ist.
Es stimmt ihn froh, und macht ihn heiter,
Denn nächstes Jahr geht's sicher weiter.

Bergauf mit des Berufes Glück,
Der neue Hund kommt stets zurück,
Das neue Auto fährt bestimmt,
Zwischen den Bäumen – maßgeschwind,
Und Frau und Kinder bleiben treu,
An seiner Seite – was nicht neu.

So bleibt dem Menschen stets erhalten,
Die Hoffnung, dass es mit dem Alten,
Ein Ende hat und dass das Neue,
Ihm neuen Schwung gibt – ohne Reue.

Wolfgang (WoKo) Kownatka

Wir brauchen nicht so fortzuleben,
wie wir gestern gelebt haben.
Machen wir uns von dieser Anschauung los,
und tausend Möglichkeiten laden uns
zu neuem Leben ein.

Christian Morgenstern

Wer auf den Frühling hoffen will, muss die Zwiebeln
im Herbst in die Erde stecken.

Doris Bewernitz

Hoffen heißt: die Möglichkeit des Guten erwarten.

Søren Kierkegaard

Pessimisten scheinen klüger. Sie können es laufen lassen und sich hinterher rühmen: Hab ich's nicht gleich gesagt! Aber wir leben von Zuversicht. Jeder Schritt über die Straße braucht den Sog nach vorn. Jedes Verkaufsgespräch verlangt die Imagination des Erfolges. Jeder Brief schreit nach Gelesenwerden, jede Arbeit nach Bezahlung. Ohne den Produktionskredit Hoffnung rührt sich keine Hand, kann keiner genesen, keiner sich verlieben, keiner eine Wohnung finden.

Es ist Hoffnung in der Welt. Wir werden nicht nur von hinten geschoben durch Hunger, Angst, Gier. Wir werden auch nach vorn gezogen durch Sehnsucht, Träumen, Visionen. Und die stärkste Vision ist der Mensch, wie ihn Jesus vorgelebt hat – freudefähiger, liebenswerter, versöhnter. Weil das Schicksal mit uns Verwandlung zum Besseren vorhat, letztlich auch durchs Sterben hindurch, sind wir Kandidaten des Glücks. Wenn wir nur nicht auf Scheitern setzten, nicht den Elan uns abhandeln ließen, immer wieder.

Advent steckt uns ein Licht auf, dass es nicht dunkel bleiben soll über uns geängstigten Menschen. Wir sind voll Verwandelkraft. Wir sind doch Projekte der Liebe, jeder eine kleine Freudefabrik Gottes. Wenn wir nur das Jammern ließen. Das Mäkeln saugt uns die Kraft zu leben aus dem Mark. Immer wissen wir Schuldige an unserer Misere zu benennen. Aber hab ich denn alle Kraft an die Verbesserung meiner Situation gesetzt? Das Leben ist keine Nuss, die sich zwischen weichen Kissen knacken lässt.

Klug und ohne Falsch, fleißig, zärtlich, großzügig zu sein – so willst du dich doch auch. Was hindert dich?

Genau dies in Angriff nehmen, ist jetzt dran. Den nötigen Mut, die nötige Beharrlichkeit nimm aus Advent: Der Anlauf zur Geburt Christi ist auch der Start zu deinem Neuanfang mit dir selbst.(…) Bis dahin hast du aufgeräumt oder Frieden geschlossen oder die längst fällige Trennung vollzogen oder Arbeit angenommen, fast egal welche. Fast jede ist besser als keine. Oder hast dich endlich wieder deiner Eltern erbarmt oder den Besuch, den so lange hinausgezögerten, endlich getan, oder, oder …

Heute tu den ersten Schritt deines Advents, deiner Verwandlung. Es einfach laufen lassen, mutlos, pessimistisch, ist nur Selbstzerstörung. Du hast ein Recht auf mehr Glück, schon jetzt. Ohne dich, gegen dich ist dir hier nicht zu helfen. Nimm deine Kraft und bitte, suche, biete dich an, denk gut von dir und dem Nächsten, den du triffst. Nur wenn wir zu hoffen aufhören, kommt das Schlimme bestimmt.

Traugott Giesen

Und wenn die Sanduhr der Zeitweiligkeit abgelaufen ist, wenn die Geräusche des weltlichen Lebens verklungen sind und sein rastloser, unwirksamer Aktivismus zu einem Halt gekommen ist, wenn alles um dich herum still ist wie in der Ewigkeit, dann fragt die Ewigkeit dich und jedes Individuum dieser Millionen und Abermillionen nur das folgende:
Lebtest du in Hoffnungslosigkeit oder nicht?

Søren Kierkegaard

LICHT

Vom Licht zu singen, wenn die Sonne scheint, ist keine Kunst. Doch im Dunkeln, im Elend, im Schmerz, immer wieder, jeden Tag, jede Nacht, jede Stunde, das Licht in sich zu suchen, und damit weiterzumachen trotz allem, und nie aufzugeben, und immer wieder daran zu glauben, dass es da ist, dieses Licht, und es so innig zu lieben, dass man schließlich selbst ein wenig anfängt zu leuchten, das ist Menschsein in seiner tiefsten Form.

Doris Bewernitz

Mali macht in der hintersten Ecke vom Hof rum. Da, wo nur Dreck war. Ante saß auf einem Grasbüschel und schaute zu. Florian und Susanne gingen auch hin.

„Was machst'n da?", fragte Florian.

„Ich pflanze einen Baum", sagte Mali.

„Der ist aber klein", sagte Susanne.

Mali schwieg. Sie grub ein Loch. Sie warf die Erde auf einen Haufen und suchte die Steine heraus. Einmal war ein Regenwurm dazwischen. Den legte sie extra.

„Wo hast du den Baum denn her?", fragte Florian.

Mali schob alle Steine zusammen.

„Der war im Park auf dem Komposthaufen", sagte Ante.

Florian und Ante setzten sich neben ihn. Das Loch war jetzt so groß wie eine Faust, und die Erde war gelblich und trocken. Mali grub weiter. Sie stieß auf ein verrostetes Blechstück und brauchte ihre ganze Kraft, um es herauszuholen. Tiefer unten war die Erde dunkler. Mali nahm das Bäumchen und senkte es in das Loch. Die anderen schauten zu. Keiner sagte was. Mali hielt das Bäumchen mit der linken Hand fest. Mit der rechten Hand krümelte sie von der dunklen Erde rings um seine Wurzeln in das Loch hinein. Dann ließ sie das Bäumchen los und drückte die Erde an. Sie ging einen Schritt zurück und betrachtete die Sache. Ante biss an seinen Fingernägeln herum. Das Bäumchen stand gerade. Mali schaufelte mit dem Rest der Erde das Loch zu. Dann trat sie die Erde fest. Zum Schluss bohrte sie mit dem Finger einen kleinen Gang und schob den Regenwurm hinein. Dann holte sie eine Blechdose Wasser aus der Tonne. Sie begoss die Wurzeln des Bäumchens, zog die Nase hoch und wischte sich die Hände an der Hose ab.

„Der ist aber klein", sagte Susanne wieder.

Mali blickte alle der Reihe nach an.

„Ihr werdet schon sehen", sagte sie.

Gina Ruck-Pauquet

Mehr als die Vergangenheit interessiert mich die Zukunft, denn in ihr gedenke ich zu leben.

Albert Einstein

MEINE FREUNDIN

Die Hoffnung ist meine Freundin. Ohne sie kann ich nicht leben. Also will ich gut mit ihr umgehen. Ich will sie festhalten wie einen Schatz. Sie vor mir selbst und vor anderen verteidigen und alles abwehren, was sie zunichtemachen will. Ich ziehe meiner Hoffnung das schönste Kleid an. Das leuchtende Kleid aus Sonnenstrahlen. Damit ich sie gut sehe. Ich nähre sie mit dem Besten, was ich habe. Ich spreche jeden Tag mit ihr. Ich lasse mir von ihr raten. Ich erschaffe Bilder mit ihrer Hilfe, Bilder, die mir Kraft geben und nach denen ich mein Handeln ausrichten kann. All das tue ich, weil ich sie brauche, meine Hoffnung, meine Freundin, und niemals zulassen werde, dass sie mir abhandenkommt. Denn ich brauche sie, so wie sie mich braucht, um da zu sein.

Doris Bewernitz

HOFFNUNG

Hoffnung muss genährt werden,
sorgsam gepflegt,
aufgepäppelt,
eingefriedet?
Nein, – eingefriedet nicht.

Hoffnung muss im Freien stehen,
draußen,
winddurchweht
unbeschützt, gefahrvoll?
Nein, – gefahrvoll nicht.

Der sie pflegt und
der sie hegt,
muss selber in die Kälte gehen,
seinen Mantel um sie hüllen,
sie bedecken?
Nein – sie bedecken nicht.

Hoffnung will nicht geborgen sein,
Hoffnung will nicht verborgen werden.
Sie will stehen
Frei zu sehen?
Frei zu sehen! –

Ihre Nahrung ist die Sehnsucht,
ist Verlangen – groß Verlangen. –
Dies genügt.

Margret Roeckner

Eine Parabel von Aesop verdeutlicht, wie wichtig es ist, zu hoffen und zu versuchen, aus seinem eigenen Leben das Bestmögliche zu machen. Es zeigt auch, dass die Hoffnung auf Besserung unserer eigenen Aktivität bedarf. Es reicht nicht, zu warten bis sich die Probleme von allein lösen. Für ein hoffnungsvolles Lebensgefühl gilt es, sich gerade auch in Bedrängnis mit aller Kraft einzusetzen und am Vertrauen auf eine gute Lösung festzuhalten.

DIE FRÖSCHE IN DER MILCH

In einem heißen Sommer hatte die Sonne den Teich ausgetrocknet, und zwei Frösche mussten sich auf die Wanderschaft machen. Im benachbarten Bauernhaus fanden sie die Küche und die kühle Speisekammer und dort einen Topf mit frischer fetter Milch. Schwupps, sprangen sie hinein und tranken, dass es schmatzte.

Als sie nun satt waren, wollten sie wieder heraus. Sie schwammen zum Rand des Kruges, doch weil sie so viel gesoffen hatten, kamen sie nicht mehr an ihn heran, sosehr sie auch hampelten und strampelten. Allmählich ließen auch ihre Kräfte nach.

Da sagte der eine Frosch: „Es ist aus, Kamerad! Wir sind verloren! Es hat keinen Sinn mehr, dass wir uns weiter abmühen!" Damit ließ er sich sinken und ertrank in der Milch.

Der andere Frosch aber gab die Hoffnung nicht auf. Er schwamm und strampelte die ganze Nacht, und als am nächsten Morgen die Sonne in die Kammer schien, saß der Frosch auf einem großen Butterklumpen. Er nahm all seine Kraft zusammen und hupps, sprang er aus dem Milchkrug und davon.

Nach einer Fabel von Aesop

BUNTER VOGEL HOFFNUNG

Die Hoffnung ist nicht immer grün,
bisweilen ist sie taubengrau,
zum Beispiel, wenn ein Tag anbricht,
denn ist das Schwarz der Nacht besiegt,
wird erst der Himmel grau, dann blau.
Drum wünsch ich dir ein Hoffnungsgrau,
das sich in leuchtend bunt verwandle
und dass in dir das Wissen reift:
Ich bin, ich will, ich kann, ich handle!

Angelika Wolff

Die Kraft zu hoffen, muss und kann geübt werden sagt der Philosoph Ernst Bloch; sie verlangt Disziplin, auf eine Zukunft zu setzen, auch wenn vieles dagegenspricht und arbeitet. Wer sich für eine gerechtere und friedlichere Welt einsetzen will, braucht einen langen Atem der Hoffnung. Wer Kinder großziehen will, braucht die Kraft der Hoffnung, dass ihr Leben gelingt, auch wenn sie ganz andere Wege gehen. Wer sich für mehr Rechte für behinderte Menschen einsetzt, braucht ebenfalls die Kraft der Hoffnung, dass sich in unserer Gesellschaft trotz aller Widerstände etwas zum Besseren verwandeln lässt. „Ich habe einen Traum", sagte Martin Luther King stellvertretend für viele Hoffende, einen Traum, in dem es um die Überwindung von Vorurteilen ging (…).

Gustav Schädlich-Buter

Wir sollten nicht zulassen,
dass unsere Ängste uns davon abhalten,
unseren Hoffnungen nachzugehen.

John F. Kennedy

HOFFNUNG SAMMELN

komm
mach dich auf mit mir
lass uns hoffnung sammeln
all die kleinen zeichen

die aufblühende blume
und das summen einer biene
das lebendige grün des frühlings
goldene sonnenstrahlen auf dem laub
diamantfunkelnde tautropfen
das wunder im lied einer lerche
und einer meise, die ihr nest baut

menschen, die lachen
und zusammen etwas tun
anfassen, wo not herrscht
und trost gebraucht wird
hoffnungsfroh lächeln nach leid
immer wieder aufbrechen
und freunde aus fremden machen

ein geteiltes stück brot
und ein warmes wort
glaube, der neue frucht trägt
das wiederfinden tragender wurzeln

such mit mir kleine funken
in der fülle des alltags
hoffnungsreiche momente
lass uns sammeln und
immer und immer wieder
das beglückende wissen
was ist, ist gut

Maria Sassin

Die Sonne ist da. Sie wird nicht müde
und steht jeden Tag von neuem auf.
Menschen stehen auf,
sie glauben an den neuen Tag.
Menschen sehen die Sonne aufgehen,
sie spüren die Wärme ihrer Strahlen,
und sie glauben wieder an das Licht.

Die Hoffnung ist da.
Es gibt noch Kinder mit lachenden Augen.
Es gibt noch viele Menschen,
unter deren Haut ein Herz schlägt.
Mit jedem guten Menschen auf der Welt
geht eine Sonne der Hoffnung auf.

Einander Hoffnung geben heißt:
einander Mut machen, einander Leben geben.
Wir können die Wüste nicht auf einmal verändern,
aber wir können anfangen mit einer kleinen Oase.
Wo eine Blume wieder blühen kann,
werden eines Tages tausend Blumen blühen.

Phil Bosmans

WEITERSAGEN

Wir werden Zeuge von vielem. Und wir erzählen uns vieles weiter. Aber muss ich nicht vor allem Zeuge der Hoffnung sein? Muss ich nicht besser entscheiden, was ich erzähle? Muss ich nicht sagen: Ich habe gesehen, wie jemand seinem Feind eine Suppe gegeben hat. Wie sich zwei Menschen begegnet sind, die lange nicht mehr miteinander gesprochen hatten. Wie einer nicht aufgab, obwohl er keine Chance sah. Wie ein Lied einen Verzweifelten getröstet hat. Wie einer lächelte, als ihm ein Sonnenstrahl ins Gesicht schien.

Es ist immer die Frage, was man bezeugt. Wir treffen die Auswahl. Wer die Zeichen der Hoffnung weitersagt, macht sie stärker.

Doris Bewernitz

MITEINANDER HOFFEN

„Es ist die Hoffnung, die den Schiffbrüchigen mitten im Meer veranlasst, mit seinen Armen zu rudern, obwohl kein Land in Sicht ist." Dieser Satz stammt von dem römischen Schriftsteller Ovid. Ein anderer, Martin Luther, soll gesagt haben, er würde noch heute ein Apfelbäumchen pflanzen, selbst wenn er wüsste, dass morgen die Welt unterginge.

Was heißt hoffen? Wer hofft, wünscht und erwartet, dass sich in der Zukunft etwas zum Guten wendet. Die Hoffnung der Menschen richtet sich auf Gerechtigkeit und auf Frieden, darauf, dass die Zerstörung der Schöpfung ein Ende nimmt und die Menschen in Würde miteinander leben können.

Von einer solchen Welt sind wir weit entfernt. Die meisten Menschen haben wenig Grund zu hoffen, und Durchhalteparolen helfen ihnen nicht, aus Hoffnungslosigkeit und Verzweiflung herauszukommen. Sie brauchen Menschen, die mit ihnen und für sie hoffen, die Mut machen, trösten und für ein besseres Leben kämpfen. (…) Der brasilianische Bischof Helder Camara hat einmal gesagt: Wenn einer alleine träumt, ist es nur ein Traum. Wenn viele gemeinsam träumen, so ist das der Beginn einer neuen Wirklichkeit. Das gilt auch für das Hoffen.

Waldemar Wolf

HOFFNUNG

Schaff das Tagwerk meiner Hände,
Hohes Glück, dass ich's vollende!
Lass, o lass mich nicht ermatten!
Nein, es sind nicht leere Träume:
Jetzt nur Stangen, diese Bäume
Geben einst noch Frucht und Schatten.

Johann Wolfgang von Goethe

KLEINE HOFFNUNGSZEICHEN

Schon alltägliche, unscheinbare Dinge, die leicht über-
sehen werden können, entfachen Hoffnung: „dass …
die Rosen sich öffnen" oder der Gesang der Vögel am
frühen Morgen, ein freundlicher Gruß, den der Nachbar oder die Kollegin sagt oder ein liebes Wort von einem Freund. So können wir alle an der Hoffnung dieser
Welt mitarbeiten. Wir brauchen einander im Hoffen,
denn die Erfahrung zeigt, dass meine Hoffnung allein
nicht ausreicht, das Leben gut zu bestehen oder einen
Traum zu realisieren.

Unbekannter Verfasser

Ein Funken Hoffnung entzündet Freudenfeuer
in Menschenherzen

Erhard Horst Bellermann

SEI EIN HOFFNUNGSTON

Hoffnungston sein
in einer resignierten Welt
in den Klängen der Musik
die Hoffnungsmelodie Gottes erkennen

Vertrauenslieder anstimmen
in einer berechnenden Welt
die Menschen weltweit zusammenführen
zu einem befreienden Lebenstanz

Befreiungsmusik hören
gegenwärtig sein in höchster Aufmerksamkeit
und sich ganz vergessen können –
aufgehoben im Klang der Ewigkeit

Pierre Stutz

HOFFNUNG ÜBEN – 13 TIPPS

1. Sich mit den richtigen Personen umgeben, im richtigen Rudel leben
2. Den Augenblick schätzen
3. Lächeln, sooft es geht
4. Zweifel hegen an Hoffnungslosigkeit
5. Dankbar sein und nichts selbstverständlich nehmen
6. Rausgehen und sich bewegen
7. Anderen helfen (Nachbar, Familie, Ehrenamt …)
8. Gute Momente im Leben suchen und nutzen
9. Sich an Schönes erinnern
10. Etwas Neues probieren
11. Wohltuende Musik hören
12. „Schlechte" Tage akzeptieren
    Wissen: Ich mach weiter. Das geht vorüber.
13. Gegenwärtig leben

Alle großen Dinge sind einfach, und viele können mit einem einzigen Wort ausgedrückt werden: Freiheit, Gerechtigkeit, Ehre, Pflicht, Gnade, Hoffnung.

Winston Churchill

Werft euer Vertrauen nicht weg, welches eine große Beloh-
nung hat. Es ist der Glaube eine feste Zuversicht auf das, was
man hofft, und ein Nichtzweifeln an dem, was man nicht
sieht. (Hebräer 10,35; 11,1)

Diese Erklärung für Glaube: Eine feste Zuversicht auf
das, was man hofft und nicht sieht – ist berühmt. Si-
cher nicht umfassend ist sie, aber deutlich: Glaube ist
Hoffen – ist jedenfalls das Gegenteil von Fürchten, sich
Ängstigen, verzweifeln, auch von Pessimismus und
Schwarzseherei. Hoffnung und Sonne, Kinder, Früh-
ling, Aufschwung, Kämpfen, dass kein Krieg kommt,
Hoffnung ist vor allem Wissen: Das hat Sinn. Hoffnung
ist ein Überlebensjubel, ein Hoffnungstrotz sogar, ein
Widerstandleisten des Einzelnen gegen den Zerfall (K.
Krolow). – Hoffnung ist die Form, wie wir schon an der
Zukunft teilhaben können. – Furcht oder Hoffnung,
Angst oder Vertrauen – das aber ist nicht das Gegenteil von Wissen. Es gibt Faktenwissen und Hoffnungs-
bzw. Angstwissen. Faktenwissen ist Vergangenheit
und Gegenwart, die Zukunft wird doch erst, und wie
sie geworden ist, das Wissen vom Gewordensein haben wir erst danach – davor müssen wir wünschen,
planen und zielen mit dem Faktenwissen. Aber was
uns treibt, ist die Hoffnung, dass vorne ein Ausweg
ist. Nur was wir glauben, hoffen, lieben, das treibt uns
an, trägt uns, ist dir, mir das gewisseste Wissen.

Glauben ist Hoffen und also genau das Gegenteil von Herzensträgheit und Welttraurigkeit und wehrlosem Sichabfinden, wie es heute um sich greift. Nicht vom Krankeitsbild Depression ist die Rede, – dies schmerzliche zugeschnürt – und sich abgeschnitten wissen, das dringend ärztlicher Hilfe bedarf. – Sondern dies willentliche Uninteressiertsein an der Welt, eine Art von Gefühlskälte, ein Zynismus, der alles den Bach herunterredet.

Sicher erschöpfen Katastrophenmeldungen, und Kriegsangst lähmt die Märkte. Der verlorene Arbeitsplatz lässt Alarmpfeifen gellen. Dagegen an Jesu Wort: „Fürchte dich nicht; glaube nur" (Markus 5,36)! Was ist Glaube? Die gewisse Zuversicht auf das, was man hofft und nicht sieht. Nicht alles, was man erhofft, taugt was, aber nehmen wir Hoffen von seiner besten Seite: Gegen sichtbares Scheitern setz auf die neue Chance, die du noch nicht siehst. Gegen Alleinsein, geh wieder auf Menschen zu, auch wenn der, die Richtige noch nicht sichtbar ist. Setz auf Geist, den du auch nicht fühlst. Setz auf Gott, den du auch nicht siehst, aber dessen Wirkungen du unablässig spürst;

Also merke, bestaune das Glücken des Tages, die Farben, die Wonnen. Und die neuen Kinder, die nächste Generation, hilf gegen Schmutz und Armut. Kinder so unvoreingenommen, voller Urzuversicht sind sie – so stark, sich zu bewähren. Sie werden einige unserer Irrwege nicht gehen. Glaube ist Zuversicht. Auch, dass wir schaffen, was wir schaffen müssen.

Es ist aber der Glaube eine feste Zuversicht auf das, was man hofft, ja – dass wir lernfähig sind und die Menschheit das Vertrauen nicht wegwirft: gut zu leben, leben zu wollen, zu lieben, zu teilen, Freude

machen, sich und anderen. „Wenn wir zu hoffen aufhören, kommt, was wir befürchten, bestimmt" (Christa Wolf). Also Mut zum Wirken, Besorgen, Schönma-
chen, – ja, mach was schön, mach wen schön. Du, er,
sie gehörst zu Gott, auch wenn du ihn nicht siehst.

Traugott Giesen

HERZENSWUNSCH

Mein Herzenswunsch für dich:
dass dir nur Gutes widerfahre,
dass du gebadet wirst in Zuwendung,
Zuneigung und Zärtlichkeit,
dass du dich selbst wertschätzen kannst
und dir deiner Einmaligkeit bewusst bist,
dass dir immer wieder neue Zuversicht zuwachse
und dein Optimismus siege über alles Negative,
dass deine Lebensfreude und Leichtigkeit dich beflügeln
und gelingt, was dir am Herzen liegt,
dass du gesund bist an Leib und Seele.

Claudia Peters

ICH WÜNSCHE DIR HOFFNUNG,

dass alles gut wird:
Jede Wolke zieht mal weiter
und die Sonne spitzt heraus.
Nichts hängt nur nach einer Seite,
auch das Ärgste ist mal aus.
Ist die Nacht auch noch so finster,
irgendwann wird's wieder Licht,
und kein Winter ist so eisig,
dass ihn nicht der Frühling bricht.

Verfasser unbekannt

Hoffen heißt, an das Abenteuer der Liebe glauben
und Vertrauen zu den Menschen haben.

Helder Camara

WOFÜR ES SICH LOHNT ZU LEBEN

Für das Vogelkonzert am frühen Morgen,
für die Sonnenstrahlen,
die uns hinauslocken in die Natur,
für die ersten Frühlingsblumen nach dem Winter,
für die langen, lauen Sommerabende,
für den Anblick herbstlich leuchtender Bäume,
für einen warmen Tee in kalter Jahreszeit,
für Musik, die das Herz berührt,
für die Atempausen im Alltag,
für all die Menschen, die wir lieben,
für unsere Dankbarkeit
und die unermüdliche Hoffnung.

Claudia Peters

HOFFNUNGSZEICHEN

In jeder schmalen Pflasterfuge,
überall, an jedem Platz in dieser Welt,
und sei er noch so unwirtlich und lebensfeindlich,
wollen sie dir Beispiel sein und deinen
Entdeckeraugen begegnen,
wenn du ihnen nur Aufmerksamkeit schenkst,
den kleinen mutigen
Ausrufezeichen des Lebens!
Hoffnung heißen sie allesamt, wollen
das scheinbar Unmögliche wagen,
vorsichtig Neuland betreten,
eine Nische lebenswert finden,
sie annehmen und sich
dort einrichten mit der Zeit,
um kleine Lebenszeichen zu setzen
wider alle Vernunft.

Angelika Wolff

HOFFNUNGSLICHT

Die Nachrichten einfach mal abschalten
(viel Getöse in dieser lauten Welt!)
Einmal aufhorchen in dich selbst hinein
dich auffüllen
mit leiser Musik
einem guten Buch
beim Anschauen schöner alter Fotos

Vielleicht auch
eine alte Freundin anrufen
und Erinnerungen austauschen
Gutes erzählen vom Leben
auch von deinen Nöten
und deinen Hoffnungen
Pläne machen für morgen
und übermorgen

Eigentlich ganz einfach
ein Hoffnungslicht anzünden
in dir
und es weitergeben …

Doris Wohlfarth

GLÜCKSREZEPT

Das Herz
und die Hände
offen halten
die Sorgen
nicht wie Haare spalten
nicht in Gewohnheiten
versinken
sondern mal
Schmetterlingen winken
Träume und Wünsche
nicht begraben
sondern stets neue Hoffnung haben

Anna Tomczyk

GESCHENK

Hoffnung liegt
in den kleinen Dingen
im Lächeln des Freundes
im Grün der Bäume
einem Takt Musik
einer schönen Stunde
jeden Tag neu
als Geschenk für dich

Maria Sassin

LEBENDIG

Das Leben annehmen
wie ein Geschenk.
Mit Trauernden trauern,
mit Freunden fröhlich sein.
Märchen und Lieder entdecken,
sich die leisen Töne bewahren.
Kämpfen für die eigene Sache,
wach bleiben für die Liebe.
Sich anderen zuwenden
ohne aufzurechnen.
Nie aufhören zu hoffen,
dass das Licht über
die Dunkelheit siegt.

Unbekannter Verfasser

ANDERE ZEITEN (VOR 20 JAHREN)

Segen / Wunsch

Horch auf das Lachen
fröhlich spielender Kinder
die unbesorgt dem Tag entgegen gehen.
Vertrauensvoll wie sie sei deine Hoffnung.

Lausche dem zarten Summen
eifrig arbeitender Bienen
die nimmermüde Honig sammeln.
Reich wie sie sei deine Hoffnung.

Schmecke den zarten Schmelz
samtdunkler Schokolade
die sanft auf deiner Zunge zergeht.
Bittersüß wie ihr Aroma sei deine Hoffnung.

Schau auf das tiefe Blau
das immer wieder leuchtend
auch durch dichte Wolken bricht.
Beständig wie dies sei deine Hoffnung.

Schau auf die Majestät der Berge
die urewigkeitenlang
zum hohen Himmel ragen.
Mächtig wie sie sei deine Hoffnung.

Maria Sassin

SEGEN FÜR PESSIMISTEN

Mitten in dunklen Gedanken,
zwischen Grübeln und Schwarzsehen,
segne Gott dich mit dem Blick für die Farben des Lebens.
Für alles, was hell macht und heilt und wärmt.
Er verändere deinen Blick, so dass du dorthin schaust,
wo Hoffnung ist und Zukunft.

Michaela Deichl

Alle, die an das Gute glauben
und ihre Hoffnung nicht aufgeben,
tragen bei zum Besten der Welt.

Max Tau

In der gleichen Reihe sind im Verlag am Eschbach bereits erschienen:

Leben hier und jetzt
Achtsamkeit schenkt Erfüllung, Tiefe, Glück. Dieses Buch ist eine Einladung, die Wahrnehmung statt nach außen seinem Inneren zuzuwenden. Mit vielen Anregungen, Übungen, Impulsen sowie humorvollen und weisen Geschichten.

144 Seiten, 13 x 21,3 cm, vierfarbig, geb.
ISBN 978-3-86917-957-5

Wenn das Leben in die Jahre kommt
Sich selbst wertschätzen und ganz schön alt werden, dazu lädt Claudia Peters mit guten Gedanken und Wünschen, liebenswerten Geschichten und Gedichten ein.

144 Seiten, 13 x 21,3 cm, vierfarbig, geb.
ISBN 978-3-86917-731-1

Das Buch der Lebensfreude

Dieses Buch ist ein wahrer Schatz an Gedanken, Gedichten und Geschichten. Zur Lebensfreude braucht es Aufmerksamkeit für die kleinen Dinge. In ihnen steckt der Schlüssel zu Glück und Zufriedenheit.

144 Seiten, 13 x 21,3 cm, vierfarbig, geb.
ISBN 978-3-98700-006-5

Vertrauen haben reicht zum Glück

Vertrauen ist die stillste Form von Mut. Dieses Buch ist eine lebensfrohe Einladung, sich dem eigenen Leben anzuvertrauen. Es ermutigt dazu, sich sich selbst immer wieder zu umarmen. Sich trauen, zu vertrauen, das reicht zum Glück!

144 Seiten, 13 x 21,3 cm, vierfarbig, geb.
ISBN 978-3-86917-873-8

Alle Rechte vorbehalten
© 2024 Verlag am Eschbach
Verlagsgruppe Patmos in der Schwabenverlag AG, Ostfildern
Im Alten Rathaus/Hauptstraße 37
D-79427 Eschbach/Markgräflerland

www.verlag-am-eschbach.de

Gesamtgestaltung: Angelika Kraut, Verlag am Eschbach
Kalligrafie: Ulli Wunsch, Wehr
Herstellung: Graspo CZ a.s., Zlín
Hergestellt in Tschechien
ISBN 978-3-98700-066-9

Gedruckt auf Nautilus classic – ein 100 Prozent recyceltes Papier aus 100 Prozent
Altpapier – ausgezeichnet mit dem blauen Umweltengel, EU Ecolabel und FSC-
zertifiziert. Näheres zur Nachhaltigkeitsstrategie der Verlagsgruppe Patmos
auf unserer Website www.verlagsgruppe-patmos.de/nachhaltig-gut-leben

 Dieser Baum steht für Erhaltung unserer natürlichen Lebens-
grundlagen: klimaneutrale Produktion, umweltschonende
Ressourcenverwendung und nachhaltige Herstellung.
Individuell und mit Liebe gemacht.